DISCOURS

EN L'HONNEUR DE

PIERRE CORNEILLE.

Ce Discours, composé par M. Casimir DELAVIGNE, à l'occasion de la Souscription ouverte par la Société libre d'Emulation de Rouen pour élever un monument à la gloire du GRAND CORNEILLE, a été prononcé par M. LAFON, Sociétaire du Théâtre Français, le 19 Septembre 1829, jour de la représentation solennelle donnée par M. Paul DUTREIH, Directeur du Théâtre des Arts de Rouen, au profit de la Souscription.

Cette représentation se composait :

De la tragédie de *Cinna*, dans laquelle M. LAFON remplissait le rôle d'*Auguste*, et madame VALMONZEY, Sociétaire du Théâtre Français, celui d'*Emilie* ;

Et du *Nouveau Seigneur de Village*, opéra de M. BOÏELDIEU.

M. Adolphe NOURRIT fils, premier sujet de l'Académie Royale de Musique, a contribué à l'éclat de cette représentation, en chantant une cantate extraite des *Adieux à Rome*, Messénienne de M. Casimir DELAVIGNE.

CE DISCOURS SE VEND AU PROFIT DE LA SOUSCRIPTION.

DISCOURS

EN L'HONNEUR

DE

PIERRE CORNEILLE,

PAR

M. CASIMIR DELAVIGNE,

DE L'ACADÉMIE FRANÇAISE.

ROUEN,

F. BAUDRY, IMPRIMEUR DU ROI;

RUE DES CARMES, N°. 20.

1829.

DISCOURS

EN L'HONNEUR

DE

PIERRE CORNEILLE.

⁂

Deux siècles ont passé, depuis que parmi vous,
De lui-même inconnu, comme il l'était de tous,
Un jeune homme parut, que l'amour fit poète.
De ses premiers transports éloquent interprète,

Plein du démon des vers qui s'éveillait en lui,

Poète sans modèle, il marchait sans appui.

« Ses pareils à deux fois ne se font pas connaître ! »

Où les maîtres manquaient bientôt il fut un maître.

Il franchit la carrière, et d'un pas de géant,

A la cime du Pinde élancé du néant,

Il y grava son nom qu'on ignorait la veille :

Ce jeune homme inconnu, c'était le GRAND CORNEILLE !

Deux siècles ont passé, des siècles passeront

Sans flétrir les lauriers qui surchargent son front ;

Leurs rameaux vieillissants se couvrent d'un feuillage

Dont l'immortalité reverdit d'âge en âge.

Le théâtre, ennobli par ses pompeux travaux,

Vit naître, après les siens, des chefs-d'œuvre nouveaux,

Du *Menteur*, de *Cinna*, postérité sublime.

Ils ont trouvé pour eux l'avenir unanime :

De Molière en courroux le vers accusateur

Imprima l'infamie au front de l'imposteur ;

Racine, dont Joad ranimait le génie,

A des concerts du ciel révélé l'harmonie,

Et CORNEILLE pourtant, cet astre radieux,

Qui leur traça la route et leur ouvrit les cieux,

Vous apparaît plus grand, plus beau qu'à son aurore,

Entouré des rayons du jour qu'il fit éclore.

Que n'a-t-on point osé contre ces noms fameux ?

Mais cet obscur nuage est tombé derrière eux,

Comme on voit, près du but, s'abaisser la poussière

Qui nous dérobe un char vainqueur dans la carrière.

De leur trône affermi qui pourrait renverser

Ceux que l'Europe admire et n'a pu surpasser ?

Quand un peuple nouveau de rimeurs en démence

Tenterait d'ébranler leur renommée immense,

On verrait tous ces nains, sans haleine et sans voix,

En soulevant le roc, retomber sous son poids ;

Dussent-ils, pour tromper le bon goût qui réclame,

Des éclairs de Brébeuf ressusciter la flamme,

Évoquer Chapelain des ombres du tombeau,

Et de Ronsard éteint rallumer le flambeau.

Non qu'on doive enchaîner la généreuse audace

Qui veut frayer sa route et conquérir sa place.

Corneille eût excité cet élan créateur.

S'il est encor nouveau, c'est qu'il fut novateur.

Liberté de mieux faire à qui suit son exemple !....

Mais renier sa gloire, aux portes de son temple,

Mais blasphémer d'en bas le dieu sur son autel,

Insulter, quand on meurt, ce qui reste immortel :

Quiconque l'oserait, pour prix d'un tel outrage,

Marqué d'un ridicule égal à son courage,

Irait, avec Cotin d'éternel souvenir,

Égayer de son nom les railleurs à venir.

Vous, qui pour enflammer les talents dont la France

Sent frémir dans son sein la féconde espérance,

Vous, qui des mêmes fleurs entourez tous les ans

L'autel où vos aïeux ont porté leurs présents,

A votre vieux CORNEILLE offrez un digne hommage.

Les murs qui l'ont vu naître attendaient son image ;

Paris, tous les Français, tout un peuple jaloux

Veut, de lui rendre honneur, s'honorer avec vous.

C'est ainsi qu'à Stratford l'Angleterre idolâtre

Couronnait dans Shakspear, le père du théâtre.

Juliette, à son nom, s'arrachant du cercueil,

Othello tout sanglant près d'Ophélie en deuil,

Macbeth, qui sur leurs pas s'avançait d'un air sombre,

De leur cortége auguste environnaient son ombre.

Garrick, des spectateurs échauffait les transports.....

Notre Garrick n'est plus : mais du moins, chez les morts,

Si CORNEILLE l'a vu d'un lac de Trasimène

Menacer devant lui l'arrogance romaine,

Enivré de ses vers, CORNEILLE en l'admirant,

A pleuré de plaisir et s'est senti plus grand.

Ah! qu'il pleure d'orgueil en se voyant renaître

Dans le marbre animé par le ciseau d'un maître!

Que David nous le rende avec ce vaste front,

Creusé par les travaux de son esprit fécond,

Où rayonnait la gloire, où siégeait la pensée,

Et d'où la tragédie un jour s'est élancée.

Simple dans sa grandeur, l'air calme et l'œil ardent,

Que ce soit lui, qu'il vive, et qu'en le regardant

On croie entendre encor ces vers remplis de flamme,

Dont le bon sens sublime élève, agrandit l'âme,

Ressuscite l'honneur dans un cœur abattu :

Proverbes éternels dictés par la vertu ;

Morale populaire à force de génie,

Et que ses actions n'ont jamais démentie !

Venez donc, offrez lui vos vœux reconnaissants ;

Offrez lui vos tributs, orateurs : quels accents

Plus brûlants que les siens, de plus d'idolâtrie

Ont embrâsé les cœurs au nom de la patrie ?

Vous aussi, magistrats ; c'est lui qui tant de fois

Entoura de respect l'autorité des lois.

Venez, généreux fils, en qui l'affront d'un père
Ferait encor du Cid bouillonner la colère;
Pour les lui présenter, Rodrigue attend vos dons.
Vous, qui les yeux en pleurs à ses nobles leçons,
Sentez de pardonner la magnanime envie,
Rois, à lui rendre hommage Auguste vous convie.
Et vous, guerriers, et vous qui trouvez des appas
Dans ce bruit glorieux que laisse un beau trépas,
Venez au vieil Horace apporter votre offrande.
Venez, jeunes beautés, Chimène la demande.
Accourez tous, CORNEILLE a charmé vos loisirs;
Payez, en un seul jour, deux cents ans de plaisirs.
Vos applaudissements font tressaillir sa cendre;
Appelé par vos cris, heureux de les entendre,
Pour jouir de sa gloire, il descend parmi nous.
Il vient; honneur à lui! levez-vous, levez-vous!.....

Aux acclamations d'une foule ravie,

Les Rois se sont levés pour honorer sa vie :

Eh bien! qu'à leur exemple, ému d'un saint trans

Le peuple, devant lui, se lève après sa mort.

LA SOUSCRIPTION POUR LE MONUMENT

A ÉLEVER

A PIERRE CORNEILLE

EST OUVERTE :

A PARIS,

Chez MM^{es}. CHRÉTIEN, Notaire, *rue de la Vieille-Draperie*, n°. 23 ;
FROGER-DESCHESNES, Notaire, *rue de Richelieu*, n°. 47 ;

A ROUEN,

Chez MM. DESTIGNY, *Président* ;

DEVILLE,
LE PASQUIER, } *Membres du Comité* ;
BERTRAN,

TOUGARD, *Secrétaire* ;

LEMARCHAND DE LA FAVERIE, *Trésorier de la Société* ;

Les Notaires,

Et aussi dans les Bureaux du JOURNAL DE ROUEN et du NEUSTRIEN.

Dans les autres départements, le montant des Souscriptions sera remis à MM. les Receveurs-Généraux, qui sont priés de vouloir bien les faire passer à la Caisse du Syndicat, en un bon à l'ordre de M. REISET.

La quotité des sommes offertes, ainsi que les noms de MM. les Souscripteurs (à moins qu'ils ne désirent garder l'anonyme) seront publiés.

Le compte général du montant de la Souscription sera également rendu public.

www.ingramcontent.com/pod-product-compliance
Lightning Source LLC
Chambersburg PA
CBHW071447060426
42450CB00009BA/2320